El último poema

XIV Premio Iberoamericano
de Poesía Hermanos Machado

Juan Peña

El último poema

FUNDACIÓN JOSÉ MANUEL LARA
Vandalia

Vandalia, 115

Esta obra ha sido galardonada con el XIV Premio Iberoamericano de Poesía Hermanos Machado, convocado por el Instituto de la Cultura y de las Artes del Ayuntamiento de Sevilla (ICAS) con la colaboración de la Fundación José Manuel Lara. Formaron parte del jurado, presidido por Minerva Salas, delegada de Cultura y Deporte del Ayuntamiento de Sevilla, Jacobo Cortines, Ignacio F. Garmendia, Abelardo Linares y Javier Salvago, actuando como secretario Francisco Javier Muñoz León, jefe de Servicio de Gestión Administrativa y Subvenciones del ICAS

ICAS
Instituto de la Cultura y las Artes de Sevilla

NO8DO
AYUNTAMIENTO DE SEVILLA

Director de colección: Jacobo Cortines
Consejo asesor: Ignacio F. Garmendia, Juan Lamillar, Aurora Luque, Álvaro Salvador y Andrés Trapiello

Primera edición: junio, 2024

Avda. Reino Unido, 11, 1ª. 41012 Sevilla (España)

Edición al cuidado de Ignacio F. Garmendia
Diseño: Estudio Manuel Ortiz
Maquetación: Manuel Rosal
Ilustración de cubierta: mata de *helichrysum*, por Manuel Ortiz
Fotografía del autor: Rosi Suárez

Dep. Legal: SE 1287-2024
ISBN: 978-84-19132-42-0
Printed in Spain-Impreso en España

A mi Olga

CRECIMIENTO

Hice daño,
lo sé.
Y manché la pureza
(crecer ha sido acrecentar la mancha).

Y ahora esta vejez,
como una redención,
una debilidad, una torpeza,
un volver a vivir en las cosas pequeñas,
una fragilidad, una inocencia.

La pureza, tan cerca de la nada.

CANCIÓN DE LA MAÑANA

Este rumor de himno en la mañana,
cuando se oye la luz y la frescura
y el verde y el azul que da en los ojos.

Como notas de música las cosas
van sonando al paso si escuchamos.

LAS HIERBAS DEL CAMPO

A Juan Manuel García López
29-4-2022

En las secas cunetas,
en los áridos bordes del camino,
crecen las pobres hierbas,
caléndulas, borrajas,
llantenes, jaramagos, lecheterna,
jaras, cardos, retamas,
aulagas, amapolas, acederas,
margaritas del alma, azureas,
apartadas del mundo,
del negocio del mundo,
inútiles, pequeñas.

No sé, pero imagino
que devastado todo,
antes del fin del mundo,
quedarán estas hierbas
para decir, a quién,
que una vez habitó entre nosotros
la humildad, la inocencia, la belleza.

MUNDOS

A qué buscar lejanos
mundos nuevos y extraños,
si me extraño y me asombro de mí mismo
viajándome conmigo cada día.

Buscar qué lejanías,
si ya soy un abismo.

MACBETH EN SUS POSTRIMERÍAS

No fue un dios,
ni la dura ambición de una mujer,
ni el presagio azaroso de tres brujas,
ni la espada flamígera de un ángel
quien me arrojó tremante del Edén.
Tal vez mi estupidez, mi necedad,
mi egoísmo, mi ansia, mi arrogancia.
No sé qué fue.
Pero a nadie se culpe. Fui yo mismo.

LA HABITACIÓN ROJA

Palacio de Medina Sidonia,
Sanlúcar de Barrameda
8-6-2022

En esta calma estancia del palacio
me tumbo recostado
en un viejo sillón de terciopelo,
frente al balcón abierto,
bañado en esta luz lustral de la mañana,
mirando los tejados y una línea de mar,
y más allá, Doñana.

La luz del mediodía aún baña mi vagancia.

Y las luces ya leves de la tarde
trajeron hasta mí dorada seda.

Fue llegando la noche
dejándome cubierto con sus luces de nácar.

Bastó para vivir
el baño de la luz.

ROSARIO

Si fuiste la belleza del jazmín,
la hospitalaria sombra del olivo,

si fuiste la bondad
que me regala el día,

si nos hicimos una misma carne,
si me acogió el ángel de tu alma,

si estás en el rumor
del mar en esta playa,

abro los ojos, miro.
No te veré morir.

ESPIRITUOSO

Este trago disuelve en el hielo
el fuego que te quema,
te crea el espejismo de la disolución
del núcleo en que se adensa
y se aprieta la angustia
donde confluyen miedo e incertidumbre.

Este trago te aquieta,
te calma, te diluye,
te deshace volátil
mientras mueres.

DESEO DEL NIHILISTA

Nada de un objetivo definido,
o precisa estrategia militar.
Que venga la gran guerra:
Fuerza brutal, salvaje.
Devastación total.
Fin del dolor.

EL DOLOR SE REMANSA EN EL MAR

Este susurro de olas,
este mismo sonido
en su fragor distinto:
su estruendo de lamentos y alegría.
Todo lo que fue grito
de júbilo o dolor
se oye aquí a lo lejos,
amansado en el tiempo,
aquietado en el aire
que se trenza en la espuma.

MÚSICA

Qué pobres las palabras,
esta verdad de hoy
que no es verdad mañana.

Sólo es verdad eterna esta música,
que nos despierta el alma, la levanta, la vuela,
la acaricia, la calma;
nos da el hervor, la gracia, el entusiasmo
que harán vibrar la carne de alegría.

Y hasta esta tristeza que nos trajo
fue buena de tan pura.

EL SUEÑO DEL JUBILADO

Aquel niño soñaba
habitar un domingo
que nunca se acabara.

Y quedarse en septiembre,
a solas, con su niebla, sin escuela,
vivir siempre en septiembre.

Y en eterno septiembre y domingo,
y aunque la vida duele, como siempre,
vive el viejo el sueño de aquel niño.

SAPIENS

Cuanto puedo saber
yo no lo sé,
lo sabe el corazón,
la piel, las vísceras,
que nada saben.
Yo no lo sé.

LA CALLE

2022

Veo desde mi ventana
un trozo de mi calle y una esquina.
Veo árboles y cielo,
y balcones abiertos que me miran,
veo parejas que se aman,
y padres con sus hijos,
y quien lleva a su perro,
o carga con su bolsa de la compra.
Transcurre todo tan sencillo y plácido.
Durante el día fluye
un sedoso rumor de luces y sonidos.

En la noche, el silencio
me devuelve la calle
como espacio que esconde
apacibles misterios,
la expectante inminencia de un prodigio.

Cuando me sé infeliz o agradecido
me acodo en la ventana,
y en el fluir en calma de la calle
se acuna la mirada.

SUDARIO DEL ACEITE

Hundirme en el aceite,
acunado en su blanda densidad,
envuelto en ese magma
de oro primitivo.
Su amargor de la tierra y la raíz,
su frescura del aire,
el color de la luz.

Envuelto en paño blanco de algodón,
ungido en el aceite,
cubierto de pureza,
volver a ser olivo.

ACEITE

En esta tierra áspera,
agostada en el sol de los desiertos,
crece bronco el olivo,
la frescura invisible del duramen.

Contra la tierra seca
y este fuego del sol,
siempre ocurre el milagro:
verdor de los jardines,
frescor de manantiales,
este zumo de Dios.

EL DOLOR Y LA LLUVIA

Los dones nos llegaron desde el cielo,
traídos en volandas por la luz,
de la mano del aire.

Desde fuera del cielo
vinieron el desastre,
la adversidad, el golpe, el dolor.

Pero se apiada el cielo,
y nos trae esta lluvia, que nos moja
o nos deja abrigados
bajo los soportales
o a salvo en nuestra casa,
bajo la madriguera de unas mantas,
oyendo el crepitar de su sonido.

La lluvia que nos lava.

FIN

Cuando al fin has cumplido
esa vida discreta
que soñaste vivir,
qué más quieres, qué buscas.

Ver vivir.

VOLVER A EMPEZAR

Como cuando estrenábamos
de niños
una nueva libreta.
Cuántas veces la vida
fue volver a empezar
manchando la pureza.

LOS VIAJES

El tiempo en los viajes
se remansa en una
habitación de hotel.

El deambular sin rumbo.
La vida inútil,
que ni hiere, ni exalta.

La lentitud,
como una forma
de la eternidad.

ALEKSÉI

Los hermanos Karamazov,
en *Algún día nos lo contaremos todo,*
de Emily Atef

Hemos tenido miedo,
y hemos callado tanto.

Pero llegará el día
de la misericordia,

el día en el que nos
lo contaremos todo.

TIEMPO

Instante, eternidad.
Una gota y el mar.

SABOR

No dejes escapar
ese goce del mundo.
Desmenuza su tacto,
sus texturas de aromas,
la crujiente blandura
que descubre la boca.
Que los goces sean gozo.

Alcanza con las manos
los fragantes manjares de la tierra.
Y aprende que el sabor
fue una forma del alma.

EL SUICIDA

Ya viví cuanto quise revivir.
Y es grato, sí, volver y repetirse.
Pero siempre hago daño.
Y luego estos días
de pena y de dolor,
que sí, lo sé, que pasan.
Pero este cansancio.

VIDA ETERNA

Somos carne del cosmos,
la materia pringosa, dolorida,
la entraña, la pasión,
la música que eleva el toro de Falaris.

Nos aguarda un mundo celestial,
la vida de las almas inmortales,
la calma y la intacta beatitud,
la quietud y el silencio.
El mundo de las almas minerales.

VUELO

Olvidáis
que el fin de la ceniza
es esparcirse en vuelo.

RAZÓN DE LA BELLEZA

No hay belleza en el mundo
sin ojos que la miren.

El alma de las cosas
es esa intersección
donde confluyen
lo visto y la mirada.

HAZ Y ENVÉS

Viene la luz,
el canto, la alegría,
y ha venido su envés.

CANCIÓN PARA DORMIR A UN HOMBRE

Si escribo,
no busqué la verdad.
He buscado la música,
las cadencias aquellas
que un día me acunaron
y he olvidado.

RIQUEZA

Estallando de luz, a contraluz,
veo caer las hojas de unos árboles.
Monedas de oro
que hoy alfombran la calle
y colman mi avaricia.

CAMPO

Cuando escribo no sé
de lo que escribo.
Cuando escribo me labro,
abro un surco, me planto.
No sé qué crecerá,
no conozco su fruto y su sabor.

JARDÍN

Esta gracia, este don,
esta brisa, esta luz,
este olor de la flor,
este húmedo pliegue
de tibia seda púrpura.
Esta delicia, este paraíso
acaban siempre como
acabarán las rosas.

Y no acaban las rosas.

EL SALVAJE OESTE AMERICANO

Recuerdo una escena
en aquellas películas del Oeste.
Alguien se balancea en una mecedora
bajo el porche. Atardece.
Y en esa turbia luz
de calma y de inminencia
llegaba un pistolero
que rompe la quietud.

Acabe como acabe esa escena,
me gusta imaginarme
viendo aquel forastero, que se aleja,
mientras sigo impasible,
fumando bajo el porche,
acunado en la vieja mecedora.

POETRY

El mejor poema fue
una gota de ámbar
que contiene
una gota de luz
para alumbrar qué idea,
qué belleza.

Qué puede iluminar
una gota de luz
frente al sol de la vida.

DÍA DE PLAYA

Este día en la playa,
donde todo es de luz,
y bálsamo en el aire.

Un plácido vaivén
me depura, me sana,
me olvida de estar vivo,
de esta desazón que es estar vivo.

Esta serenidad,
que me cierra los ojos,
este aire que es magma del origen,
esta blanda quietud
que me hunde en el sueño,
esta calma infinita
parecen el presagio,
la sospecha, el anuncio,
de un lugar que me espera
detrás del horizonte.

CONSONANCIA

Qué importa que esta música
no se oiga en la calle,
ni en mi casa la escuchen
aquellos que ruidosos me visitan.
Hice de mí,
de mi yunque y estribo,
de mi espacio de huesos y tendones,
ligamentos y nervios
y músculos y sangre,
esta cueva pequeña
donde resuenan Dios y el universo.

VERME

Para quererme,
verme fuera de mí,
criatura que merece
ternura o compasión o lástima.

TRASTERO

Fueron imperturbables.
Son dóciles las cosas,
hermanas nuestras
de un vivir que acaba.
Guardan tiempo, secretos,
el hueco de unas manos.
Son cifra y son clave.
Habitaron el aire de unas bocas,
el reflejo del iris de unos ojos.

Fraternales y fieles,
calladas nos recuerdan
cuando todos olvidan.

Soñolientas y solas,
envejecen eternas.

ZUMO DE NARANJA

Hay un sabor que estalla
de acidez y fulgor
(beberlo fue beber la luz).
Fue beberlo de niño,
y sentir el temblor, la sacudida
de un trallazo de insólito esplendor
que encendía la carne.

Fue el sabor de la luz,
la implacable verdad
que mostraba su herida y su dulzor.

CUENCO

Bebo el agua del cuenco.
Es el agua en el limo de los ríos,
en la seda del musgo de las piedras,
en la huella pisada de los charcos,
en el fondo dormido de los pozos.

Bebo el agua y la tierra,
bebo el fuego y las manos,
bebo el barro y la luz.

LAUDA

La oración que murmuro es un canto,
una alabanza, una celebración,
una alegre canción que da las gracias.
Mi oración no es demanda, ni súplica, ni ruego.
Cómo voy a pedir
si ya todo lo tengo y me fue dado.

NIÑOS

Fuimos dueños del mundo.
El tiempo y los caminos
fueron perpetuo asombro.
Se postraba servil a nuestros pies
el mundo, que era puro
temor y maravilla.
Fuimos siervos y reyes,
vividores del día y su milagro.

Y los ojos de Dios
velaban por los niños
con una alegre y triste
mirada de piedad.

POIESIS

La música del verso
nos deja la ilusión
de que es posible hallar
en el caos diario de la vida
un orden, una grata armonía,
unas dulces cadencias.

No pudiendo saber,
crea el verso su canto y su sentido
en la verdad perfecta de su música.

J. D. SALINGER

> De media, y al final de su vida, el adulto medio de EE. UU. habrá pasado 44 años de su existencia mirando pantallas.
> (Leído en una pantalla).

Los hombres,
esta especie sobrevalorada
en monedas y obras de teatro,
donde el rostro aparenta
valor y dignidad.

Pero mirad las calles,
reptáis como amebas.
Y en las casas vivís
como grises luciérnagas,
sin alas, que se vuelven
donde brilla la luz.

DESAYUNO

Este momento insignificante,
mirado con los ojos de los muertos,
fue la celebración y fue el júbilo
de otro día que empieza.

MORIR

Qué tedioso vivir
en la inmortalidad,
sin temor, sin pasión.

Y sin embargo ahí sigue, con su mala
reputación morir.

AMEBAS

No hay nobleza, ni altura,
ni combate, ni vuelo
que sostengan la vida,
sólo basta este inflar y desinflarnos,
este vaciarnos y llenarnos luego,
este entrar y salir,
este aire, esta luz, una caricia.

DESAZÓN

Sé de la inmensidad
suculenta del mundo,
y supe de mis brazos,
que apenas nada abarcan.

NIÑO DURMIENTE
EN LA LUCERNA

En la impronta que deja
tu imagen en el barro,
en la línea tan pura
que dibujan tus párpados
aún late la quietud.

Duermes plácida vida
en un plácido sueño
que atraviesa los siglos.

Dura carne de barro
donde la muerte no tendrá dominio.

HISTORIA DE LA CIVILIZACIÓN

Saber para saber
que no será posible la inocencia,
abandonar la selva,
la sed de sangre, la brutalidad.

Una pulsión de muerte
late en todo,
en la gota y el astro.

La ilusión de hermandad,
la civilización,
fue sólo una forma
de lentitud,
de aguardar la acechanza
certera del abismo.

SONIA ALEKSÁNDROVNA

Tío Vania

Hay que vivir,
incluso cuando ya
no hallamos el deseo de vivir.

Debemos resistir,
hasta el día en que quede cumplida nuestra vida,
y hallemos el descanso
que nos dará la muerte. Y tras la muerte

bajará hasta nosotros
                                        la piedad,
esa gracia de Dios,
que habrá de concedernos,
ya lejos de este mundo,
otra forma de luz, otra alegría.

LA SIRINGA DEL AFILADOR

1970-2021

Desde un pueblo del Sur,
desde las blancas eras
del trigo y el maíz,
desde unas siestas que arden
manchándote los tuétanos
del polvo del carbón,
donde la tierra quema,
y refresca la sombra del olivo;
a este tiempo y lugar de una ciudad
donde llega el silbido
(y es el mismo silbido que escuchaste de niño)
de aquel afilador
que lustraba el perfil de los cuchillos.

ESC. 3, BAJO B

2022

Es mi tercera casa,
y ahora sí:
es la casa bendita
donde se explaya el alma.
Recorro sus espacios
y siento la vaharada,
la tibieza animal
de hallarme guarecido
en una madriguera.

Me irá mal en la vida,
posiblemente.
Pero he llegado al fin,
he encontrado mi hogar.

TARDE EN EL CAMPO

Mayo, 2023

Como doblones de oro
llega el sol al mantel
desde la espesa fronda
del árbol que nos cuida.
Y en el mantel se quedan
estas manchas rojizas
de unas copas del vino
de la celebración,
y manchas del aceite
que ha dorado la carne
y lustrado los verdes
y rojos vegetales de este huerto.
Cruzaron el mantel regueros del almíbar
que dejaron los postres
de dulzura infantil.

No lavéis este día.
Este sucio mantel
fue la felicidad.

PARA DURAR

Quisiera no escribir,
entregarme a la calma y la delicia,
sin otro fin que calma y delicia.

Pero esta desazón, esta embriaguez
que quedan balbuciendo,
que se quieren decir, para llorar
y celebrarse,
para decirme a mí, y a ti,
para contarme y para llegar,
para quedarme.

OLIVAR

> Siempre que me pregunten
> de dónde soy, diré que soy de estos carballos.
>
> Miguel d'Ors

Siempre que me pregunten
de dónde he venido
diré que del olivo,
de su aceite, coraza de los ángeles,
de su carbón, que no conoceréis,
de su seca aspereza,
que es dignidad y fuerza y paciencia,
y no rendirse para no vencer.

Siempre que me pregunten qué busqué:
no ganar, no perder,
ser de la tierra pobre del olivo.

CATULO

Non omnis moriar…
Horacio, *Odas*, III, 30, 6

No moriré del todo.
Soy la brizna de un fuego
en otro corazón.

ABELARDO

1079-1142

Lo tuve todo, todo
lo que quise tener.

No supe nada,
nada hay que saber.

Me bastó una mujer
(o era un ángel),
que me tomó en su vuelo
para alcanzar el cielo,
esta absorta quietud
en la que vivo.

EL OJO DE DIOS

Miramos el cristal de la pantalla,
las guerras, el fragor
del derrumbe de los acantilados,
la impúdica fiereza de los cuerpos,
el abismo explosivo del volcán,
la destrucción, la selva, la belleza,
los regatos del bosque, sus criaturas,
la semilla podrida que renace,
la vida de las calles,
la música, los crímenes.

Pero nada nos hiere,
ni nos toca ni duele.
Mirando a salvo, impunes,
ubicuos del espacio y del tiempo,
quien mira la pantalla
es el ojo de un dios.

EL GATO DE SCHRÖDINGER

Los cuerpos, los objetos
cobran vida tan sólo si los miras,
si viven en tus manos.

El árbol está vivo en tus ojos,
en la corteza amiga de tu piel.

Sólo en la comunión
de una mirada ingenua,
del abrazo que ama,
despertará el alma,
la alegría que muere en la materia
si no miras.

TODO Y NADA

No sé de qué me sirve la poesía,
si no es para vivirme
desconcertado y torpe:
tropezar cuando miro,
no saber los sonidos,
no acertar el olor,
sentirme en tierra incógnita en el tacto.
No saber, asombrarme
del prodigio y su nada.

AMORES EN EL SUPERMERCADO

En las estanterías,
como esperando la resurrección:
el trigo de este pan,
las uvas de los vinos,
el aceite, que es alma del olivo;
tomo el queso, que es ácido y agreste,
y de leche de cabra me amamanto;
el cerdo, la ternera,
la carne de mi carne;
este atún de los mares,
este brillo de acero del pimiento,
el mismo hinojo que
crecía en las cunetas de un camino.

Tantas destilaciones de la tierra,
como cuerpos durmientes
que esperan que los ame.

OLGA

Fue el ángel de la guarda
de los desconsolados,
de los solos.
Aliviaba sus vidas,
les tomaba la mano,
les daba su sonrisa,
su sabia y su bendita
ternura de palabras.

Olga siempre está aquí.
Hoy la vi en una foto,
bajando la escalera,
escondiendo las alas.

CIRIO PASCUAL

Enciendo de este cirio,
de esta llama que es nueva
y se renueva,
mi cirio pascualito,
esta vela que es llama diminuta,
pero enciende
la honda oscuridad del universo.

Soy la llama que busca arder hasta el final,
alumbrar más allá de la ceniza,
y cantarle a la muerte, cuando llegue la muerte:
Dónde tu victoria.

CINCO AÑOS

1966

La cartera de plástico,
el babi blanco,
la sonrisa confiada,
que miraba a la cámara
sintiendo que a mi lado
me cuidaba la Venus
de los catorce años de mi hermana.
Y detrás de nosotros,
la huerta, esa selva
con alberca y palmera
y lechugas, tomates y naranjos.
Los verdes y los rojos vegetales,
que veo en blanco y negro,
como esencia muy pura,
ya sin sensualidad,
del paraíso.

SALPICÓN DE MARISCO

15-6-2023

Tomates y pimientos de la huerta,
huevas de bacalao, y merluza
y gambas de Sanlúcar,
las vides y el olivo y la sal,

venid ahora a mí,
la tierra, el aire, el fuego, el tiempo, el mar,
a este dios que os acoge.

LOS CAMINOS DEL CAMPO

EUROPA
Aquella a la que amó el dios de los helenos
y Cristo prefirió por dos mil años
es ahora un cadáver.

Mario Míguez

Oigo crujir los muros,
y vi pequeñas grietas en el techo.
Esta casa que fue
mi civilización de veintiocho siglos
ha comenzado a resquebrajarse.
(Ya hay torres derrumbadas).

Pero saldré a los campos
y volveré a vivir desde el comienzo.
Veré los jaramagos,
las rudas, los cenecios, correhuelas,
clemátides, verbascos, achicorias,
asfódelos, borrajas, amarantos,
las hierbas delicadas que resisten
más fuertes que la casa.

Las hierbas inmortales que veré
con los ojos de Hesiodo.

PLAYA DE LA VICTORIA

La playa es metafísica.
La arena se hace mar,
el mar se eleva en cielo.

En esta playa habito
un lugar en la tierra
y en la eternidad.

SEVILLA

Vine al mundo y tomaste
mi carne con tu luz.

Primero fue en un pueblo.
Era un pueblo pequeño,
con una biblioteca que me abría
a horizontes extraños,
oscuros, fascinantes,
por los que amé la vida.
Un pueblo verde y blanco,
bajo la fresca y dura
sombra de los olivos
y el humo primitivo del carbón.

Luego vine hasta ti,
y esta torre dorada que me mira
hizo de oro mi carne,
enhebrada en los hilos
de plata que volaban.

Si me tomó tu luz cuando nací,
en ella vivo.

DE ESPALDAS A LA HUMANIDAD

Donde la humanidad
no vive, y la vida
sólo es pura existencia
sin tácticas ni confabulaciones,
allí es donde miro,
a la eternidad
que se guarda en las piedras,
a las breves y frescas criaturas vegetales,
a la inocencia cruel del animal.

VIDA PLENA

Esta insatisfacción
no fue una condena,
fue mi razón de vida,
una ávida forma de vivir
que me mantiene en ascuas:
tocar eternamente
la seda de una piel,
saber nuevos sabores,
ver nuevas tierras de un olor distinto.

Pero no me lamento.
Lo probado me basta.

LA MÚSICA DEL VERSO

Mi vida, yo lo sé,
es un traspiés continuo,
un descalabro y, ay, mil caídas.

Pero escribo estos versos,
y se ajusta mi vida
a un ritmo cadencioso,
sin tropiezos,
sin quiebros disonantes.

La vida que me sueño y que no es
y es la mía.

JUAN PEÑA

> Juan: Hombre fiel a Dios.
> Peña: Piedra dura y grande.

Que mi apellido sea
esa impronta con que nos marca el nombre:
el vigor, la dureza,
que quisiera que fuera,
más que algo que es mío,
la huella de una estirpe.

Que mi apellido sea
la fuerza y la coraza
para guardar al Dios
que está en mi nombre.

MI JUVENTUD

1981

Lugares como cuevas,
con vagas luces rojas,
azules y amarillas.
Líneas difuminadas,
los cuerpos transmutados
en perfiles volátiles.

Era como habitar en un trasmundo,
donde se adivinaban
formas que no veías.

Y en cada turbiedad
una promesa,
un más allá de tierra prometida,
que se escapaba siempre y no alcanzabas.
Un tugurio en penumbras.

MISANTROPÍA

Somos tan delicados
que no importan
los cientos de atenciones,
el tiempo, la energía
que des a tus amigos.

Bastará un breve gesto desatento,
un inocente olvido,
un simple desacorde
entre lo que tú das y el otro espera,
para que aquella honda
y recia consonancia fraternal
se quiebre, se derrumbe.

Por la delicadeza
he dañado mi vida.

LA FLOR DE LA INMORTALIDAD

He dejado una flor del *helichrysum*
en la balda de mármol de tu tumba.
En sus pétalos de oro siempre hay luz,
celebran, como tú, haber vivido
y no morirse nunca.

OLIVOS

2024

Los olivos parecen
hoplitas en falanges,
un ejército aqueo que esperara,
sobre la dura tierra
seca del olivar,
la llamada al combate,
la defensa, ya ilusa,
de una civilización que acaba,
que nos deja mirarla
en su último estertor.

Los olivos son griegos,
y en sus ramas la luna brilló en Getsemaní.
Sus raíces han sido
los cimientos de mármol
donde se hunde mi mundo.

CALLE LARIOS

Bar Lepanto, 2024

De nuevo en la terraza
de esta calle de Málaga.

Cada vez que volvemos
cumplimos este rito:
sentarnos cada día y mirar
la corriente de vida que no acaba,
sentados en la orilla,
como fuera del tiempo,
eternos en la orilla.

Esta ilusión de intemporalidad
acabará un día,
pero ahora no acaba.

HERMANAS FLORECILLAS DEL CAMPO

Frente a nuestra arrogancia,
presunción y soberbia,
manotazos al mar de quien se ahoga,
estas flores pequeñas, diminutas,
me miran compasivas.
Somos nada, me dicen.

Y aprendo de ellas que
sólo lo delicado
y leve es eterno.

EL ASOMBRO

No se asombran los niños.
Los niños tienen miedo,
viven en la alegría,
pero nunca se asombran
de esa rara alternancia
de miedo y alegría,
de que alegría y miedo
se den al mismo tiempo.

El asombro requiere
mirar fuera del tiempo,
como un pequeño dios
que viera el universo
y no alcanza a saber
por qué ese devenir
de creación y tiempo y destrucción
y tiempo y creación.

Y en ese no saber
el dios cierra los ojos fascinado.

CUARENTA AÑOS

1984-2024

A veces, en la calle,
me quedo rezagado,
y te miro, y veo a la muchacha
de dieciséis años que besé
(y supe que besaba la belleza de un ángel).

Cómo puedo quejarme
cuando aquella muchacha está conmigo.

OPTIMISMO DE MÍNIMOS

A Enrique García-Máiquez

Sobre esta miseria
el esplendor fugaz
de los ojos fugaces
que la miran.

NO IGUALES

Cuando he querido darte,
tú me das.

Serás mi servidumbre.
Seré tu propiedad.

El mayor de los dos
es quien más da.

Porque fuiste mis alas
he podido volar.

LOS JÓVENES, LOS VIEJOS

La juventud, su ingenuo desconcierto,
su cándido arrebato, su carne luminosa,
su gracia muscular, que nos recuerda
la torsión ondulante de los tigres,
que sólo hechiza, al fin, a quien la mira,

porque nada de eso ha visto el joven,
que está dentro de sí,
de su incertidumbre,
de su miedo a hundirse en el desastre.

Sólo al viejo,
a su debilidad y su fealdad,
le habrá de ser posible,
sobre los cuerpos jóvenes,
cantar victoria.

THE THREE WISE MEN

Yeats

Como cada diciembre, entreveo en el cielo
destellos de unos mantos recamados
y coronas de oro,
y unos rostros hieráticos, incansables, cansados,
bañados en la luz velada de la luna.
Llevan fuego en sus ojos, ansiando hallar de nuevo,
aun sabiendo el dolor que le espera en el Gólgota,
el misterio que brilla en el establo, el Dios entre las bestias.

NOCHES VIEJAS

Llegan las Noches Viejas,
como centelleantes y turbias nebulosas
empapadas de alcohol y purpurina.

Luego, en la madrugada,
muy cargados los ojos,
veré ese programa
de lejanas canciones
que ya escucharon más
los muertos que los vivos.

Rendido dormiré,
y habré sobrevivido a todo eso:
a esta fiesta beoda,
a un tiempo de canciones
que habitan los fantasmas.

Llegará la mañana, y en su luz nacarada
mojará una vez más
los labios aquel niño
en una palomita de aguardiente con agua.

LENGUAS COMO MUROS

> Ejemplo de distopía: cuando hablar la lengua de tu país te convierte en paria en tu propio país.
>
> Lucía Montero

Hicisteis del mundo
cordial que es una lengua
una zanja y un muro.

HOSANNA

Tras este largo y duro y negro invierno,
salir al campo, al monte
de caminos de arena,
y ver que siempre vuelven
las flores amarillas y violetas,
verdolagas, acianos, helicrisos.

Andar en este día bañados por la luz,
envueltos en un aire ligero de fragancias.
Sentir en esta vieja y renacida
tibieza chispeante de la piel
la llegada otra vez de la alegría.

LOS VIVOS Y LOS MUERTOS

Burning Ghost,
de Stéphane Batut

Apenas entrevisto,
como el leve temblor
del pábilo que ardiera a lo lejos.

¿Has venido tú a mí
o he llegado a tu mundo?
¿Fue este sueño la rara intersección
donde se unen dos mundos?
¿Fue ilusión o verdad aquel abrazo?

Qué solos y perdidos
los vivos y los muertos.

EL CIELO PROTECTOR

Mirar al cielo es ver lo imperturbable,
es ver los ojos quietos
que te acogieron cuando
fuiste blanda criatura,
velada por lo azul y por lo oscuro,
cuando el cielo fue el manto protector
que aún te mira.

WHITE HEAT

Made it, ma! Top of the world!
James Cagney

Subo a la terraza,
y ha estallado la luz contra mis ojos.
Una caricia cítrica me despierta la piel.

Es cumbre de montaña esta altura,
y flamean al viento las sábanas tendidas,
banderas que proclaman mi existencia.

Esta brisa de azules,
de blancos y de verdes y de ocres
me ha tomado, me vuela
en la cima del mundo.

BETRAYAL

Qué habrá de inquebrantable,
de imbatible, de fuerte,
de muro que protege
contra la estupidez,
veleidad y arrebato.

Qué habrá de indestructible
cuando amor y promesa
y piedad y ternura,
que fueron mármol y oro,
hoy son mentira y nube y polvo y nada.

RELATOS

Thomas Jefferson
(1743-1826)

Los relatos contaron
nuestras vidas vividas como hazañas.
Fundadores heroicos nos llamaron.

Siglos después nos muestran
miserables, perversos, depravados.

Hagáis lo que hagáis
seréis lo que cuenten los que os cuenten.

MÁS GRANDE QUE MI VIDA

Más grande que mi vida,
esta muerte,
que no sabe de mí,
que no me acaba.

REGRESO

Tal vez mejor así:
saber que la razón
no alcanza a todo.
Al fin, lo fascinante,
el misterio, el asombro
son de un lugar de niebla,
de unas tierras brumosas,
de reinos de dragones y de hadas.

A la vejez y vuelvo
a la verdad intacta de los cuentos.

AQUÍ EN LA TIERRA

No están aquí los pájaros de entonces.
FRANCISCO BEJARANO

Mis pájaros de entonces,
que os fuisteis volando para siempre.
Y yo aquí, sin alas,
velando vuestro vuelo.

HELICHRYSUM

Como flor que se aja y se marchita
fue la felicidad.

Como flor venenosa, que no mata,
la desdicha.

Mi flor eterna,
la que nunca me exalta ni me hunde,
la que guarda un aroma de serena tristeza,
la que nunca me engaña. La inmortal.

LIBERTAS CINERUM

Alcanzarás
la libertad
de la ceniza,
que arrastra y vuela el viento,
sin voluntad,
sin fin,
sin pensamiento.

DEIXIS EN FANTASMA

Esta página,
como lámina de ámbar
donde habita el insecto
sin vida, sólo forma,
materia que es ya sólo evocación
en la gota dorada
y seca y dura y quieta de la página.

ORIGEN

Hacia qué centro
da vueltas la espiral del tiempo.

El tiempo que destruye
y crea y destruye.

Qué núcleo de infinita densidad
lo absorbe todo,
lo une todo.

SABER Y SABOR

Sabe bien este zumo,
mejor que ningún otro.
Pero prefiero aquel,
más apagado y débil,
pero con igual luz.

Aquel zumo, el pobre,
viene de los olivos de mi padre,
aquellos que toqué cuando era niño
y trabajé en mis años de muchacho.

Me sabe este tiempo recobrado
mejor que ese sabor que celebráis.

PIELES

Recuesto mi cabeza
en el sillón de orejas de mi cuarto,
y tocan mis mejillas
la sedosa pelambre de la piel
de animales que fuisteis,
palpitantes y tibios.

Lo que ya sólo eran
desperdicios después del alimento,
los tomé para mí,
cuando alguien salvó vuestros despojos
de una inevitable podredumbre.

Rescataban así
esta vida que es vuestra
y no conoceréis:
la calidez, la seda, la blandura,
la caricia que alivia mi cansancio,
eso que me ha llevado a que os quiera
cuando ya no es posible.

STYLUS

Estilo romano de hueso (s. I-IV d. C.), procedente de la colección de Paul Gaudin, encontrado cerca de Esmirna, en Anatolia.

Este trozo de hueso
labró sobre la cera
los trazos que buscaron
la apariencia de un orden
que gobernara el caos
y la incertidumbre.

Nada pueden los trazos.
Sólo pervive el hueso.

ARDER

Camino de grava en el Jardín
Botánico de la Concepción
21-2-2024

Mis pasos en la grava
eran crujiente música.
Esa era mi vida
en aquella mañana,
sólo un sonido armónico
que avanza indesmayable,
que no se postra y cae,
que no se precipita,
que es duro y blando y fluye y me sostiene.
Un sonido, el mismo y distinto,
caminando incansable,
con la monotonía
y el lento crepitar
dorado y ceniciento de las llamas.

MAR

La inmensidad, el vuelo,
lo que aguarda después del horizonte,
un espejo, un abismo, el rumor
que se aquieta en la orilla,
la arena diminuta.

El rodar de las olas,
el ansia de llegar,
que se amansa y se muere
para otra vez volver.

Ya lo sabemos todo
si estamos frente al mar.

EPÍLOGO

Vivir sin entusiasmo,
sabiéndote que, salvo el amor
(si hubo suerte)
todo decepciona.

Vivir la plenitud
de la serenidad,
de una conformidad
que no aparta la rabia y rebeldía.

No olvidar el asombro
de que en la eternidad de no ser nada
ahora lo eres todo.

EL ÚLTIMO POEMA

La música llegó de las Esferas,
del origen, principio de la vida.
Oí cantar a mi madre,
las risas que he olvidado
y resuenan aún
en un lugar del aire.

He escuchado las voces, he cantado.
Oí los siglos rodando
con su estrépito cruel,
y sus dulces cadencias,
con su rumor de lluvia,
su calma, su tormenta.

Esta nota de música
que soy, aún se escucha,
y seguirá sonando,
para qué dios,
cuando sólo sea noche el universo.

ÍNDICE

Se terminó de imprimir esta primera edición de
El último poema, de Juan Peña,
obra galardonada con el XIV Premio Iberoamericano
de Poesía Hermanos Machado,
en Sevilla, el día 6 de junio de 2024